AF330469

LA VIERGE POLITIQUE,

L'OBSERVATEUR CELTE.

Bravant les préjugés et les mœurs à la mode,
Je veux être du siècle un censeur incommode ;
D'homme adroit et rusé détester le renom :
Tout honnête homme est franc; qui dit fin dit fripon.

Par Frédéric ROYOU,

MEMBRE DE LA LÉGION D'HONNEUR.

Prix : un demi-franc.

PARIS,

À LA LIBRAIRIE POLÉMIQUE,

rue Neuve-Saint-Marc, n°⁵ 7 et 8 ;

ET CHEZ LES LIBRAIRES DU PALAIS-ROYAL.

1820.

OUVRAGES DE FONDS

DE LA LIBRAIRIE POLÉMIQUE,

rue Neuve-Saint-Marc, n° 7.

Prix.

HISTOIRE Ancienne, par J. C. Royou; 4 v. in-8°. 24 f.

—————— Romaine, par le même; 4 v. in-8° . . 24

—————— des Empereurs Romains, par le même, 4 vol. in-8° 20

—————— du Bas-Empire, par le même, 4 v. in-8°. 20

—————— de France, par le même, depuis Pharamond jusqu'en 1819; 6 vol. in-8o. . 36

Phocion, tragédie en cinq actes et en vers, représentée sur le Théâtre-Français en juillet 1817, par le même 2 50

Le Frondeur, com. en un acte et en vers, représentée sur le Théâtre-Français en nov. 1819 par le même 1 50

La Bureaucratie maritime, par F. Royou; 1 vol. in-8° (rare) 2

Esquisse maritime, par le même; broch. in-8° (très-rare) 1

Les Perruques, poëme héroï-comique en quatre chants, par le même, broch. in-8°. . . . 1

Nota. Les prix relatés ci-dessus sont ceux de Paris; il faut y joindre le port pour les Départemens.

Pour paraître à la fin de juillet 1820.

Zénobie, reine de Palmyre, tragédie en cinq actes et en vers 5

LA VIERGE POLITIQUE,

L'OBSERVATEUR CELTE.

VIRGINITÉS PARLEMENTAIRES.

L'INCROYABLE tissu d'absurdités que le ministre de la marine, renforcé par MM. Jurien et Froc, a présenté à la Chambre des communes, nous aurait dégoûté à jamais des assemblées délibérantes si MM. *Basterrèche, Guilthem, Villevesque et Foy*, n'avaient élevé au milieu du fatras ministériel quelques points lucides qui, plus tard, serviront à préserver la France de l'opprobre d'être enchaînée pour toujours au char de l'altière Albion (1).

Le ministre de la marine a failli se noyer dès son début dans un déluge de lieux communs, pour établir

---

(1) Le ministre a eu la bonhommie d'avancer à la tribune nationale qu'on agitait dans ce moment la question de la *visite réciproque* des bâtimens français et anglais. *Réciproque* est charmant. A qui donc prétend-on persuader que l'Angleterre consentira à une visite RÉCIPROQUE? Une telle assertion n'a pu être soufflée que par M. *Froc de la Boulaye!*

qu'il faut une marine à la France : c'est là un véritable axiome, il suffisait de l'énoncer.

Le baron Portal démontre ensuite longuement que 5o millions ne suffisent point pour préparer une marine, qu'il en faut 65. Mais, sans doute : qui le conteste? Il faudrait même, pour les intérêts bien compris de la France, que les Chambres accordassent d'abord 8o millions afin qu'on fût en mesure, si la guerre venait à éclater, de développer à l'improviste des forces navales convenables pour une première résistance ; car, en temps de guerre, la France ne pourrait se saisir du rang qui lui convient parmi les puissances maritimes, qu'au moyen d'un budget de 11o millions par année de guerre. Dès aujourd'hui il devrait être de 8o millions par an. Aussi tout homme d'état qui accepte le porte-feuille de la marine avec un budget de 5o millions seulement, n'est pour nous qu'un ambitieux d'un génie étroit et qu'un être tourmenté de la soif d'avoir cinquante mille écus d'appointemens, autour desquels on aglomère, selon l'usage, de pompeuses bagatelles qu'on nomme *cordons* et *titres.*

Le baron Portal et ses *commis aides-de-camp* ont devant les députés déplacé toute la question. On ne peut rien faire de suffisant en marine avec 5o millions. La somme est par trop minime. Mais est-ce une raison pour en faire un usage détestable. Tirer d'une somme donnée le meilleur parti possible est le seul problème qu'un ministre ait à résoudre. Au lieu de cela tous les ministres de la marine, *sans exception,* depuis six ans n'ont parfaitement résolu que celui-ci : « étant donné » une somme à la marine, en tirer le plus mauvais » parti possible; » et M. Portal suit absolument la même marche que ses prédécesseurs, tous inaptes ou ineptes.

En effet on s'obstine à faire des vaisseaux qu'on lance. Leur âge moyen n'est que de quatorze ans, et le dépérissement commence du jour où ils flottent. Il faudrait donc les construire à faux frais, les démonter et les empiler dans des hangards. On s'entête à garder les intendans, et on repousse les préfectures maritimes. Et pourquoi? Parce qu'elles sont une institution impériale. Quelle ineptie! est-ce que les préfectures départementales n'ont pas la même origine, ainsi que le Code civil, etc., etc.

On laisse l'école de marine à ANGOULÊME!!! On va plus loin, M. *Froc de la Boulaye* a avancé devant la Chambre, que non-seulement il y avait plus de commis que d'officiers-militaires, mais que cela doit être. Principe monstrueux et qui va faire tressaillir de joie l'amirauté anglaise. Aurions-nous à Paris quelque *duchesse de Prie occulte?* et le cardinal *Dubois* a-t-il laissé des héritiers?

Jamais peut-être, depuis qu'on a en France sur la

marine quelques idées, bien incomplètes à la vérité, on n'avait entendu d'impertinences aussi stupides que celles de M. Froc ; et cependant quelque niaise que soit son idée, l'aspérité de la forme est tout ce qui lui appartient, car au fond c'est la MAISON DE COMMERCE de *Malouet* réchauffée (1). Ce député, qui a lu l'histoire sans la comprendre, et qui a osé y renvoyer le général Sébastiani, possède une logique que personne ne lui enviera : « Sup-
» posez, a-t-il dit, qu'un négociant arme deux vais-
» seaux, il n'aura besoin que de deux capitaines. Mais
» que de commis il lui faudra pour les écritures de ses
» comptoirs! » Ainsi donc M. *Froc* a voulu, par cette comparaison insultante pour la marine militaire, persuader à la chambre que les commis de la marine royale *font faire des vaisseaux;* les *arment,* et les *font diriger,* et tout cela par des hommes qui, suivant ce député, doivent, d'après la nature même des choses, n'être que les exécuteurs des hautes conceptions de nos *profonds plumifères.* Il suit rigoureusement de cette assertion que MM. les officiers du génie sont et doivent être les *charpentiers* de la *maison de commerce,* MM. les officiers de vaisseaux de tout grade sont de la matière à armement, aussi bien que les matelots, et MM. les *commis* sont les armateurs, les conservateurs du *mobilier-*

______

(1) Voyez la Bureaucratie maritime.

naval, pour parler leur langue ; le tout, selon M. *Froc*, parce que la marine possède des *machines compliquées*, qui évidemment ne peuvent être bien *faites*, bien *armées* et bien *dirigées* aux combats que par des *commis*. C'est, nous le répétons, la *maison de commerce* de Malouet dans sa hydeuse nudité !

Le lecteur n'attend pas de nous que nous allions prostituer son temps et le nôtre, à réfuter de telles absurdités. Le simple bon-sens suffit pour comprendre que c'est aux officiers du génie à faire les vaissaux et aux officiers de marine à les diriger aux combats : quant aux commis, le temps n'est pas éloigné où ils seront ce qu'ils doivent être ; et puisqu'ils ont tant de goût pour les *machines*, ils en serviront pour écrire ! Les idées mises enfin en avant dans cette session, par les députés que nous avons nommés plus haut, ainsi que par le général Sébastiani, ne peuvent manquer de germer : encore quelque années d'éducation constitutionnelle, et la chambre purgée de la présence des amiraux qui viennent d'abandonner la cause de la marine, ne répondra plus aux discours qu'on lui a débités qu'en se levant spontanément, pour faire comprendre, par une noble indignation, à des orateurs captieux, que leur silence accoutumé vaut encore mieux que les discours qu'ils ont prononcés dans la disscusion du budget de 1820. Quant à la marine française elle n'a point l'âme oublieuse, et sa reconnaissance est à jamais acquise aux *Guilhem, Baster-*

rèche, *Villevesque*, *Sébastiani*, *Villemain*, qui seuls parmi les députés orateurs ont compris la situation déplorable d'une marine que la nature a destinée cependant à marcher l'égale d'une orgueilleuse rivale; mais que *l'i-neptie bureaucratique* tient encore ployée sous un joug humiliant, cependant avoué aujourd'hui et qui par cela même ne peut plus tarder à être BRISÉ !

UN MOT

SUR

LES BASCULES POLITIQUES.

Un honorable député a dit naguère du haut de la tribune nationale que depuis six ans la France n'était pas gouvernée : l'assertion est très-dure, précisément, parce qu'elle est exacte. Ce n'est point, en effet, être gouverné que d'avoir depuis six ans une série de ministres qui n'ont pas eu, comme nous l'avons dit ailleurs même le mérite d'inventer des fautes nouvelles (1). Certes nos ministres actuels, comme tous ceux qui avant eux ont

---

(1) L'Ecrevisse ministérielle. (Librairie Polémique.)

traversé des ministères, ne font qu'osciller toujours du despotisme qu'ils ne peuvent bien établir, vers la liberté qu'ils ne veulent pas donner, tout en répétant jusqu'à satiété que c'est à ce dernier but qu'ils désirent arriver. Puisque l'on parle encor d'un nouveau coup de bascule politique examinons avec un peu d'attention, le mécanisme de ce jeu dangereux qui, assurément n'est pas nouveau! voici ce qu'en pense Montesquieu. « Comme « les hommes, dit-il, ont eu dans tous les tems les « mêmes passions; les occasions qui produisent les « grands changemens sont différentes; mais les causes « sont toujours les mêmes: comme Henri VII, roi d'An « gleterre, augmenta le pouvoir des communes pour « asservir les grands, Servius Tullius, avant lui, avait « étendu les priviléges du peuple pour abaisser le sénat ; « mais le peuple devenu d'abord plus hardi renversa « l'une et l'autre monarchie. »

Notre propre histoire offre aussi des exemples des tristes résultats produits par le système de bascule. Catherine de Médicis, flottant sans cesse entre les Catholiques et les Protestans, perdit tellement la confiance des deux partis qu'ils se battirent entr'eux, sans accorder au gouvernement même l'importance d'un *incident!* Henri III se mit à la tête des ligueurs et fut obligé de les quitter. Necker voulut s'interposer entre la couronne et le peuple, il riva le double rôle de ministre de la nation près la couronne et de ministre du roi près de la nation; son impéritie conduisit l'infortuné monarque à l'échafaud, et l'imprudent ministre ne parvint qu'à se faire chasser : le directoire enfin voulut aussi essayer le système oscillatoire; on sait ce qu'il en advint. Cependant tant de leçons données par l'histoire paraissent perdues pour le ministère actuel, qui nous paraît destiné à ne jamais rien apprendre !

Et qu'apprendrait-il désormais puisque la terrible leçon qui a coûté trois milliards à la France ne lui a rien enseigné ? comment le ministère ne voit-il pas que sa marche tortueuse le conduit à préparer un 20 Mars moral? par quel esprit de vertige continue-t-il à isoler le trône constitutionnel, en le séparant des libertés ? L'auguste dynastie des Bourbons est nécessaire à la France, mais c'est comme garantie des libertés publiques ; cela n'est malheureusement que trop prouvé ! quand deux fois les descendans de St.-Louis ont quitté la France, toutes nos libertés les ont suivis, pour ne revenir qu'avec eux. Maintenant que nous possédons, que nous voulons posséder *à tout jamais* cette famille illustre, non comme maîtres, des citoyens n'en ont pas, mais comme force motrice de la belle machine constitutionnelle, d'où vient le divorce impie qu'ose essayer le ministère, entre la couronne et nos libertés. Les ministres s'imaginent-ils que parce que le nouveau Prométhée ne peut quitter son rocher, que désormais nulle catastrophe analogue à celle des *cent jours* n'est à craindre. Hélas! avec la meilleure volonté du monde il nous est impossible de partager en rien cette énorme sécurité ministérielle. Sans doute les Bonaparte ne sont pas heureusement très communs, et la monnaie du grand homme, même *au timbre ministériel*, n'a plus beaucoup de cours! mais supposons, ce qu'à Dieu ne plaise, qu'il se montrât un second volume de Bonaparte, fûtil du plus petit format, que deviendraient devant lui nos *Bonapartes d'antichambres*; il est facile de le prévoir : ils passeraient brusquement de l'insolence à la bassesse. Ils ont contracté une telle habitude de se courber qu'on les verrait s'incliner avec grâce jusqu'à l'horison, et, dans ces distractions si naturelles à la victoire, le vainqueur quel qu'il fût

> . . . . Foulerait sous ses pas
> Vingt de ces grands esprits , qu'il ne soupçonnait pas.

Fort heureusement un petit Bonaparte, comme le grand, n'obtiendrait jamais qu'un succès momentané, parce qu'il n'y a de possible que les Bourbons. Ils sont un besoin pour la nation française. Mais ce n'est point une raison pour qu'un ministère inepte s'obstine à abuser du principe sacré de la légitimité; car, apparemment que parce que la légitimité a une stabilité immense, les ministres n'ont pas la prétention de nous faire croire que jamais les gouvernemens légitimes n'ont été compromis, et que pourvu qu'on s'appuie sur ce principe sacré on peut tout oser impunément. On peut oser beaucoup, et le ministère en est la preuve depuis le 31 mars. Mais enfin il est temps que le char ministériel cesse de rouler vers l'obscurantisme et rétrograde vers les libertés publiques. Depuis six ans que nous tâtonnons le gouvernement représentatif, la GRANDE QUESTION vient enfin d'être abordée une fois par MM. *Tarayre* et *Beauséjour*. L'appareil épais que les ministres tiennent avec tant de soin sur les plaies de la France vient d'être un peu soulevé par ces deux députés. Encore une session ou deux on pourra attaquer ce problème : une monarchie constitutionnelle doit-elle être plus dispendieuse pour les peuples qu'une monarchie absolue, et quels moyens convient-il d'employer pour que les peuples n'aient pas des gouvernemens libres à *titre onéreux ?* Quand l'éducation constitutionnelle sera plus perfectionnée, quand nos députés, au lieu de bégayer la langue des libertés, sauront tous la parler, alors on sera étonné de la facilité avec laquelle s'écroulera sans aucun danger pour la dynastie auguste des Bourbons, l'échafaudage monstrueux élevé à grands frais par des incapacités ministérielles, qui dans l'impossibilité, de supporter la moindre investigation faite au grand jour, n'ont pu depuis

six ans que présenter des oscillations successives d'un
parti à l'autre, en poursuivait la chimère d'un parti du
milieu. Tous leurs pénibles efforts n'ont abouti qu'à ce
résultat désespérant, employer la moitié des Français
à administrer l'autre. Quel homme de bonne foi pourrait nier que, depuis six ans, nous n'avons qu'un ministère toujours irrésolu :

> Semblable au balancier qui, ne s'arrêtant point,
> Va, vient, revient sans cesse et reste au même point.

Cependant il s'agit de marcher, le péril est imminent.
Quant au ministère actuel sa position n'a pas d'exemple
dans l'histoire, elle nous paraît faussée d'une manière
si complexe qu'il nous paraît impossible-aux ministres de rester stationnaires, d'avancer et de reculer.
Pour nous, modestes gabiers politiques, placés aux vigies
du vaisseau de l'état, nous ne pouvons que crier, à de
maladroits timoniers, qu'ils vont se briser contre des
écueils ; mais nous les signalons en vain ; n'importe :

> Faisons notre devoir et laissons faire aux Dieux.

TABLETTES VIERGES DU CISEAU DES PARQUES.

.*. On répandait hier le bruit, mais à tort, que tous
les ministres avaient été congédiés excepté le *baron
Portal* qu'on avait *oublié* !

.*. Lafon, cédant à un orgueil à la fois puérile et fé-
roce, vient de refuser le rôle d'*Aurélien* dans *Zénobie,
reine de Palmyre*. Cependant le rôle de cet empereur,
de l'aveu de ses camarades, est essentiellement de son
emploi. Un tel refus met à nu la déplorable atonie de
M. le duc de Duras, et prouve quatre choses par rapport
à Lafon.

Premièrement que pour Lafon, la caisse de son théâ-
tre n'est rien.

Secondement que pour Lafon les intérêts d'une jeune
et belle actrice, de *Zénobie-Paradol,* ne sont rien.

Troisièmement, que pour Lafon l'intérêt des auteurs
n'est rien.

Quatrièmement que pour Lafon les plaisirs du public
ne sont rien !

L'univers de ce *héros - gascon* ne se compose que
de cinq pieds quatre pouces de hauteur, sur deux pieds
de large et dix-huit pouces d'épaisseur. C'est aux ama-
teurs de l'art dramatique à châtier d'une manière con-
venable de si grandes impertinences, que même un ta-
lent du premier ordre ne rendrait pas tolérables !

CROQUIS INTERROMPU.

.*. Connaissez-vous cet animal,

Au teint livide, au regard sombre,

Ne respirant que pour le mal ;
Et s'y livrant toujours dans l'ombre.
Sa vue est courte , et cependant
On compte ses yeux par douzaine ,
Il ferait tout pour de l'argent,
C'est son baume contre la haine.
Tour-à-tour ignare et pédant,
Quand *sa bassesse* est alarmée ,
Il se saisit d'un fer tranchant,
Et met à mort la *Renommée !*
L'or seul émousse ses ciseaux,
Ou bien guérit de leur blessure.....
— Arrêtez ces coups de pinceaux,
Ou l'on va nommer la *censure.*

Pétition contre la traite de noirs, qui se fait au Sénégal, présentée à la chambre des députés par J. Morenas (1).

Tel est le titre d'un écrit qui vient de paraître, et qui renferme des faits qui auraient droit d'étonner, si nous n'étions pas usés pour l'étonnement. Que les gens qui nous harcèlent en nous disant sans cesse : laissez en paix Portal, c'est un si bon homme, lisent la brochure

---

(1) Broch. in-8° à la Libraire-Polémique, et chez Corréard. Prix : 50 c.

de M. *Morenas,* ils verront qu'en effet le baron Portal pousse la *bonhommie* un peu loin. Le courageux *Mo-renas* donne l'état des chargement de noirs vendus, et ce qui ajoute à l'horreur de ce commerce infâme, c'est que les malheureux ont été achetés par les employés même du gouvernement, tous placés par le bon Portal. Voici les noms des marchands de chaire humaine, que nous fait connaître M. *Morenas.*

MM. Mille, commis de marine. . . . . . . 12 noirs.

Trèves, *id.* 10

Golbrand, *id.* 12

Lemeur, gard. - mag. 6

Calvet, chirurgien. 10

Maritau, pharmacien. 6

Nous ne pousserons pas plus loin cet horrible tableau ; le dégoût nous arrache la plume.

Je cherche des Français et je n'en trouve plus.

⁎⁎⁎ Dernièrement le Journal des Débats a délayé, péniblement, une colonne de pathos, sur le prétendu avantage d'avoir des Suisses au service de la France nous ne répondrons à ses argumens narcotiques que par ce raisonnement : ou les Suisses sont un luxe du trône, dans ce cas il y en a trop, il n'en faut pas un seul ; ou ils sont une précaution injurieuse pour l'armée, dans ce cas il n'y en a pas assez : il en faut deux cent mille.

.*. Si nous avons tancé vertement les écrivains du *royalisme - ellyptique*, acceptant la censure , c'est parce qu'une bassesse reste une bassesse même quand elle est commise dans de bonnes intentions. Mais quand des *fanfarons* de *libertés publiques* débutent par refuser le joug de la rue des Saints - Pères et finissent par le subir, il n'y a pas selon nous assez de sifflets dans Paris pour faire justice d'une telle félonie. Le lecteur a déjà nommé *la Minerve se cachant dans les Lettres Normandes* :

> Elle doit y goûter une tranquille paix ,
> Sachant se faire un front qui ne rougit jamais.

DIALOGUE.

.*. Pour cris séditieux Valcour est arrêté.
— J'en suis ravi , mon cher ; il est bien effronté
D'invoquer aujourd'hui le nom de Bonaparte....
— Ce n'est pas le motif de sa captivité.
— Qu'a-t-il donc fait ? — Il a crié : Vive la Charte !

.*. Le Journal des Débats du 18 a l'impudence de faire une sorte de bilan de la monarchie. Les niais du royalisme sont si peu habitués à vaincre qu'ils ne savent que faire de leur victoire du moment qu'ils ont vaincu ; c'est ce que prouve l'article dont il s'agit, qui n'est qu'une seconde édition de royalistes *avant la charte, apres la harte* réunissez-vous. Ce qui veut dire : « Tirez les » marrons du feu pour que le ministère les croque. »

———

.*. *La Quotidienne,* qui dispute la *palme* du radotage à *la Gazette,* attaque comme une vielle Tisiphone la lettre du colonel *Martius Verter* (1) au ministre de la guerre. Le généreux colonel a porté un doigt téméraire sur la plaie de l'armée; il aurait dû la sonder avec plus de profondeur; sa brochure finit au moment où son énergie commence. « Je m'arrête, M. le marquis, dit » l'auteur, je ne vous ai parlé que de *responsabilité* » *morale,* mais il en est une autre annoncée par la » charte à laquelle vos victimes n'ont pas renoncé. » A la bonne heure; nous aimons à voir faire des vœux pour qu'enfin un ministre soit jeté du Capitole sur la roche Tarpéienne; qu'il y soit vermoulu, et que ses successeurs voient enfin leur devoir tracés par son éloquente poussière !

———

.*. C'est unec hose comique que de voir aujourd'hui les chaleureux avocats des *niaiseries - royales* s'extasier sur l'ouverture de l'assemblée des cortès à Madrid et annoncer avec emphase le beau, le magnifique discours

———

) A la Librairie Polemique et chezCorréard. Prix: 1 fr.

du roi Ferdinand. Tout cela justifie ce joli mot de *Champfort :* » Rien ne réussit comme le succès.

.*. Le ministère doit sentir enfin combien sont amers les fruits de l'arbitraire. Quelqu'étrange que soit une nouvelle elle est reçue avec avidité par un public défiant. On dit partout que le roi de Naples a été prisonnier trois jours dans son palais, par suite d'un mouvement commencé par deux régimens, et auquel le peuple a fini par se joindre ; qu'enfin le roi des deux Siciles à promis une constitution. Si cet événement se confirme, vous verrez que les ministres français n'apprendront rien, ils pousseront peut-être la bonhommie jusqu'à en être étonnés, comprennent-ils des soldats exprimant la volonté des peuples ?

.*. La vengeance est la passion des petits génies, aussi le bruit du renvoi de MM. *Barante, Camille Jordan Royer-Colard et Guizot* n'a produit d'autre sensation qu'une sorte d'étonnement de voir que les ministres ne se fussent pas vengés plutôt !

.*. Un parfait honnête homme, de la police, ceci n'est point une épigramme, car au besoin nous en pourrions citer trois, nous transmet un renseignement curieux, sur ces belles nocturnes qui ont le droit, quand le soleil est couché, *d'herboriser* sur le pavé de Paris, au moyen d'une petite patente de 3 fr. par mois, qu'en termes d'argot on nomme *dispensaire*. Notre observateur intègre affirme qu'il existe à Paris 25,000 beautés sensibles par *licence*. En cela il se trompe, leur nombre est de 33,000 N'importe; admettons la base de son calcul. Chaque prêtresse ambulante, dit-il, paie, abstraction faite des améndes, 36 fr. par an. Si l'arithmétique est une science, voilà pour la police un *minimum* de recette de 900,000 fr.; vingt employés suffisent pour faire cette recette; ils coûtent 60,000 fr. : que fait-on des 840,000 de différence et du produit des amendes? Le lecteur a déjà répondu : *on n'en rend aucun compte* dans *le budget.*.

La source de cet argent est impure, mais l'usage qu'on en fait en purifie l'origine; il est admirable comme chacun sait, et la manière de l'employer s'appelle en argot : *dépenses secrettes.*

.*. Le rédacteur d'un journal quotidien nous a communiqué un article imprimé, entièrement bâtonné par la censure. L'article annonçait notre série de brochures et ajoutait à l'annonce quelques mots flatteurs pour nous. Que la censure ait supprimé l'éloge d'une plume libre, c'est le métier des plumes esclaves. Mais avoir supprimé même la *matérialité* de l'article, une annonce enfin qui n'est que la déclaration d'un fait, c'est là de la fureur, sentiment que nous sommes fiers, au surplus d'inspirer, aux *douze parques.* Leur haine nous aurait paru ignoble. Il nous fallait *leur exécration,* le plus beau titre à la publique estime !

———

.*. L'infatigable archevêque de Malines vient de publier un volume entier sur la politique de l'Europe. Le titre en est bizarre : *De l'affaire de la loi des élections.* M. de Pradt a porté sa vue de lynx sur la maladie qui travaille l'Europe ; mais nôtre ministère, qui n'aime pas la médecine politique, a ordonné de saisir cet ouvrage. L'auteur sera donc mis en jugement. Si cela continue, le banc de la cour d'assises deviendra plus honorable que bien des *chaises curules !*

———

.*. M. de Beaumont, dont nous avons signalé la plume légère et spirituelle, à l'occasion de *la bureaucratie de la guerre,* vient sur un ton plus grave de publier une brochure intitulée : *La Légion-d'Honneur en* 1820 (1). Ce jeune écrivain est du nombre de ces publicistes que nous appelons à grands cris ; c'est-à-dire du nombre de ceux qu'on ne peut ni séduire, ni effrayer : à la vérité, le compte en est bientôt fait !

———

.*. La Gazette vient décidément de perdre tout à fait la tête : dans la feuille du 19 juillet elle prétend qu'on

———

(1) A la Librairie Polémique et chez Corréard. Prix : 1 fr.

ne donne la croix de Saint-Louis qu'à des militaires. La légende de cette croix, dit-elle, ne porte-t-elle pas *bellicæ virtutis præmium*? celà prouve seulement que l'ordre de Saint-Louis devrait être accordé exclusivement à des militaires. Mais la *Gazette* voudrait-elle bien nous dire dans quelle armée de terre ou de mer ont servi les sieurs *Portier, le Carpentier, Forestier;* trois commis-gardes-meubles et chevaliers de Saint-Louis, tellement obscurs que leurs noms, en faisant gémir la presse, en a *hurlé* d'étonnement!

.*. Le portier d'un duc de *fraiche date* va faire imprimer la liste de tous ceux qui, ces jours derniers, lui ont rendu des visites; ce qui fait frémir d'*antiques salons.*

BOUTADE.

Nommez-moi le plus vil des auteurs avilis.
— Mais c'est *Vilis-manus.* — Non : Asinus-vilis !

La Vierge Politique.

Nota La Librairie Polémique vient de faire mettre sous presse une brochure intitulée : LA BALANCE DE L'OBSERVATEUR INFLEXIBLE.

IMPRIMERIE DE P. DUPONT.